This Book Belongs To

____

[redacted]

[redacted]

[redacted]

[redacted]

[redacted]

[redacted]

ALE!
1/2

Explore
Love

[redacted]

[redacted]

[redacted]

[redacted]

[redacted]

[redacted]

[redacted]

Made in the USA
Columbia, SC
09 January 2024

30178017R00035